AF357015

COMTE DE **CHARENCEY**

ÉTYMOLOGIES EUSKARIENNES

PARIS

J. MAISONNEUVE, LIBRAIRE-ÉDITEUR

6, RUE DE MÉZIÈRES, ET RUE MADAME, 26

1897

ÉTYMOLOGIES EUSKARIENNES

1° ANHO, A, « provision » et spéc. « provision heb-
domadaire que le berger emporte avec lui dans la
montagne », d'où *Anodun* ou *Anhodun*, donné par
Larramendi, « pensionnaire, collégien », litt. « qui
reçoit des provisions, qui est nourri ». La finale *Dun*,
comme l'on sait, est possessive, cf. *Esnedun*, « bête
laitière », de *Esne*, « lait » ; — *Zaldun*, « cavalier », de
Zaldi, « cheval de selle ».

Nous n'hésiterons pas à rattacher le *anho* basque
au latin *Annona*, « provision, prix des denrées », qui
apparaît quelquefois dans le Glossaire de Ducange,
sous la forme *Anona*. D'ailleurs, Dieffenbach, dans
son supplément à cet ouvrage, donne une forme
Anoua, « blé, récolte », que nous pouvons considérer comme identique au terme basque. Effectivement
le *o* de cette langue devant l'article *a* final, sonne
souvent comme le *ou* du français. On écrit *Burukoa*,
« bonnet, » litt. « Quod pro capite », de *Buru, burua*,
« caput », mais on prononce comme s'il y avait en
français *Bouroukoua*.

Le *h* qui suit l'*n* est d'ailleurs spécial au bas-navarrais ; évidemment la forme primitive devait être *ano*, *anoa*. C'est celle qu'indique Larramendi. On sait d'ailleurs que souvent le *nh* bas-navarrais correspond à un *n* simple primordial. Exemple : *Lanho*, « se couvrir de nuages, le ciel », littéralement « devenir laineux » ; cf. espagnol *lanoso*, « laineux », — vieux provençal *lanos*, — béarnais, *lanous*. — *Unha*, « se fatiguer », probablement tiré du béarnais *Ahouna*, « s'enfoncer », mais avec chute de la voyelle initiale, phénomène qui se produit parfois en basque, par exemple *Thorgi*, *Torgia*, « source ». pour *Ithurgi*, *a*. — *Geztera*, « aiguiser », évidemment pour *Aguztera* ; cf. espagnol *Agudo*, « aigu », catalan et béarnais *agut*, mais avec le composant *era*, « faire ».

Sans aucun doute, le bas-latin *anona* constituait une forme populaire du latin *Annona* sans que nous puissions préciser où elle se trouvait en usage. D'ailleurs, la chute du *n* final n'est pas un phénomène rare en basque : citons, par exemple *Maskaro*, « mouton qui a le museau bigarré », espagnol, *Mascaron*, « grand masque ». — *Zizo*, « qui blesse en parlant » ; espagnol *Sison*, « celui qui ferre la mule ». — *Alo*, « allons » ; espagnol *Alon*. etc., etc.

2° BEGIA.A, « œil », nous fournit une preuve éclatante de l'influence profonde exercée par les dialectes d'origine latine sur la langue basque. Ce terme si important ne doit pas être plus considéré comme primitif

que bon nombre d'autres désignant des parties du corps ;
cf. *Behari*, « oreille » ; — *Chango* ou *Zango*, « jambe » ;
— *Belhaun*, « genou ». — *Begi* n'est autre chose
sans doute que l'espagnol *Veer*, « voir », avec la finale
adverbiale-partitive *ki* ou *gi*. On sait que le *r* n'exis-
tant point en basque, s'y trouve normalement remplacé par un *b*. Quant à la transformation du *k* de *ki*
en gutturale douce après une voyelle, elle se présente,
à la vérité, assez rarement. Toutefois, nous pouvons
citer *Zahagi*, « outre », littéralement « qui ressemble
à un sac » ; — *Higi*, « mouvoir, se mouvoir », du radical *ire*, espagnol *ir*, « aller ».

Begi signifiera donc littéralement « la partie du
corps par laquelle on voit ». Nous donnerons tout à
l'heure, à propos de *Beharri*, « oreille », une preuve
nouvelle que les noms des parties du corps en basque
sont souvent significatifs. Cela ne veut aucunement
dire qu'ils puissent le moins de monde passer pour
primitifs ni même fort anciens.

M. Bréal a du reste, établi que cette même parti-
cularité que nous retrouvons plus développée encore
en sanskrit, puisque les termes de parenté, les
noms d'animaux y sont presque tous significatifs,
mérite de passer pour une preuve de remaniement
postérieur.

3° BEHARRI, A. « oreille », littéralement « l'écouteuse » ou mieux « l'attentive » de *Bea*, *beha*, « écouter, entendre ». Reconnaissons dans ce verbe nos

termes *bayer*, *béant*, en vieux français *baer* ou *béer*. Dans le chant de Roland, nous trouvons *Geule baée* pour « bouche béante ». L'origine première de ces mots est assez obscure. Littré les rapproche, et avec raison sans doute, du vieux provençal *Badar*, italien *Badare*, « retarder, lanterner, prendre ses précautions ». La transition de l'idée de « retarder, bayer » à celle d' « écouter » se conçoit sans peine. Du reste, même en rattachant le mot basque au vieux français *baer*, la présence du *a* de la 2ᵉ syllabe s'expliquerait sans peine. C'est que le *a* radical final indique d'ordinaire le verbe par opposition à *u* ou *o*, désinence substantive; citons par exemple *Balaku*, « flatter » et *Balaku*, « flatterie », du latin *Placare* : — *Amenga*, « venger se », et *Amengu*, « vengeance »; — *Mepretcha*, « mépriser » et *Mespretchu*, « mépris ».

Beharri nous présente un nouvel exemple de terme fort usuel pris par le basque au domaine roman.

4ᵉ BIHOTZ, A, « cœur ». Nous ne saurions nous refuser à rattacher ce mot à la même racine *griv* ou *civ*, « vivre », que nous retrouvons à la fois dans le latin *vicus*, « vivant, vif » et le gaulois *Biros*, même sens.

Sans doute, l'étymologie peut donner lieu à quelques objections, mais nous croyons qu'il n'est pas très difficile d'y répondre. La transformation du *v* en *b* est, comme nous l'avons vu, chose tout à fait normale. Que le *v* médial se trouve remplacé par un *h*, rien d'étonnant à cela. Le même phénomène se retrouve par exemple dans *ohe*, « lit, couche », du latin *forea*. Enfin, le *tz* final représente souvent, on le sait, un *s* primitif; cf. *Borthitz*, *laphitz*, du latin *fortis*, *lapis*.

S'étonnera-t-on maintenant que nous hésitions entre une étymologie latine ou une étymologie gauloise? Le même fait se reproduit pour *Ogoi* ou *Ogei*, « vingt », que l'on peut, pour ainsi dire, *ad libitum* rapprocher du latin *Viginti* ou du bas-breton *Ugent*. Cela s'explique par l'étroite parenté qui, jadis, unissait les dialectes italiques à ceux de la Gaule ou de la Bretagne. Du reste, la même difficulté se présente encore pour certains mots basques incontestablement d'origine romane.

Préférerons-nous par exemple faire venir le *Akaba*, « finir, terminer », du basque, de l'espagnol ou du gascon, puisque les deux idiomes possèdent le même verbe *acabar* ?

Trouvera-t-on enfin étrange, cette épithète de « vivant » ou plutôt de « vif » appliquée au cœur? Elle nous semble toute naturelle dans un idiome qui dit « le voyant » pour l'œil, « l'attentive, l'écouteuse », pour l'oreille, — « le pelé » pour le genou.

Deux raisons toutefois nous porteraient à préférer l'étymologie gauloise à celle tirée du latin, d'abord le *u* final de cet idiome devant un *s* semble avoir quelque tendance à devenir un *i*. Rappelons à ce propos *Corpus* qui devient *Gorphitz*.

En outre, M. Luchaire a relevé dans les inscriptions gallo-romaines du midi de la France le nom propre *Bihoxus* qu'il regarde comme équivalent de *Cordatus*. Cela tend à prouver que *Bihotz* est fort ancien dans la langue aquitanique et que lui chercher une origine latine serait chose peu admissible. Mais cela ne démontre nullement que le terme soit indigène, et il a parfaitement pu à une époque plus ancienne être pris aux idiomes celtiques. Mais comment se prononçait le *x* dans les inscriptions en question? Il est clair que s'il avait le même son qu'en français, rapprocher *Bihoxus* de *Bihotz* deviendrait difficile.

5° BIZAR, RA, « barbe ». Nous ne croyons pas que personne doute de la parenté de ce mot avec l'espagnol *Bizarra*, féminin de *Bizarro*, « brave », qui lui est graphiquement et phonétiquement identique. *Bizarro* est lui-même considéré par M. Devic comme d'origine orientale et rapproché de l'arabe *Bácharét*, « beauté, élégance ». Cette confusion entre l'idée de beauté et celle de bravoure s'explique sans peine. Ne disons-nous pas d'un homme bien mis qu'il est « brave ». Maintenant, est-il plus étrange de voir le basque appliquer le mot de *Bizarra* à la barbe que de voir en français un collier de barbe qualifié de « royale » ?

Nous ne signalons qu'en passant l'étymologie proposée pour *Bizarra* par Larramendi. Il y voit une combinaison des deux termes basques, *Biz*, *arra*, littéralement « Sois homme, sois un mâle ». L'étrange n'est pas qu'un philologue aussi téméraire que l'auteur du *Diccionario trilingue* ait pu la mettre en avant, c'est que Littré l'a citée, au moins comme acceptable.

6° OROX, A, « veau ». Origine fort obscure, précisément parce que l'on peut proposer pour ce mot plusieurs étymologies assez plausibles, du moins au premier abord.

Le *x* ou *ox* final, on le sait, indique similitude, ressemblance, estimation. Ex.: *Onex*, « trouver bon », de *On* ou *hun*, « bonus »; — *Gaiztex*, « trouver mauvais », de *Gaitz*, « malus »; — *Bedar*, « printemps », littéralement « ce qui apparaît beau, ce qui se présente bien », du béarnais *Bèl*, « beau »; — *Gardox*, « bogue de la châtaigne, « littéralement ce qui est comme un chardon »; cf. espagnol *Cardo*, « chardon ».

Reste le dissyllabe *Oro* dans lequel nous avions d'abord été tenté de voir tout bonnement l'espagnol *Toro*, « taureau ». Le veau aurait donc été l'animal qui « ressemble au taureau, destiné à devenir taureau ». On se ressemblerait, en effet, de plus loin. Il suffirait d'admettre une chute du *t* initial, assez rare en basque, mais dont on peut toutefois citer plus d'un exemple ; cf. *Azkor*, « fruit du lin en gousse » et espagnol *Tasco*, « ce qui se détache du lin qu'on espade (le *r* final étant ici euphonique comme dans *gezur* « mensonge », cf. français « Gosse »; — *Gophor*, « coupe »; etc.); — *Azta*, « palper, tâter » et français *Tâter*, archaïque *Taster*.

Toutefois, une objection fort sérieuse peut ici être opposée à une étymologie d'ailleurs acceptable au point de vue du sens et des règles de la phonétique. C'est que le mot *Orox* devait déjà exister sous une forme presque identique en vieil ibérien. En effet le nom d'Orospeda s'applique aujourd'hui comme au temps de Strabon à une chaine de montagnes de l'Andalousie, enserrant les sources du Guadalquivir, jadis le Bétis. D'autre part, celui d'*Idubeda* dont nous ne rappelons plus l'équivalent moderne était appliqué à une autre chaine traversant le pays des Pélendons. On a rendu *Orospeda* par « chemin des veaux » et *Idubeda* par « chemin des bœufs », de *Idi*, « bœuf », et *Bide*, « chemin ». Il n'est pas du tout certain que l'ibérien *Beda* soit la même chose que le basque moderne *Bide*. En revanche, nous ne pensons pas que l'on puisse hésiter sur les valeurs de *Bœuf* et de *Veau*. Il est clair dès lors que *Orox* ne peut plus avoir rien à faire avec l'espagnol.

Prétendre voir dans ce terme basque l'*Urus* de César, l'*Uros* gaulois, sorte de taureau sauvage dont le nom reparaît dans les composés *Urogenos*, *Uroner-thos*, « fils du taureau, fort comme un taureau », semble chose bien difficile. Comment aurait-on conservé ainsi le nom d'un animal disparu depuis tant de siècles ?

Le parti le plus prudent à prendre ne consisterait-il pas à faire venir *Orox* de l'adjectif *Oro* « entier, complet » ? Le veau serait donc l'animal qui n'a pas encore été coupé, qui ressemble à un étalon.

7° MUZKER, RA, nom d'une sorte de lézard, cité par Larramendi. Le double *r* final nous semble ici oppositif, négatif ou péjoratif, comme il l'est par exemple dans *Ezkerra*, « gauche », littéralement « la mauvaise main », par opposition à *Eskuina*, « la droite », pour *Eskuona*, littéralement « la bonne main » ; — *Bimpherra*, « l'envers d'une étoffe », littéralement l'opposé de la frange » ; cf. espagnol *Fimbria*, « frange ». Devant une consonne ou finale, ce double *rr* se transforme en *r* simple ; citons, par exemple, *Ikher*, « visiter », par opposition à *Ikhus*, « voir ».

Cela bien entendu, rapprocher la syllabe initiale *Muzk* du latin *Musca*, « mouche », — espagnol *Mosca*, ne nous semblera pas téméraire. On sait que le *u* basque répond souvent à un *o* primitif. Ex.: *Irakur*, « lire », de l'espagnol *Recordar*. — *Urde*, « porc », du vieux français *Ord*, « sale » ; — *Guthizia*, « désirer », de l'espagnol *Codiciar*, etc., etc.

Musker, ra, serait donc en quelque sorte, « la fausse » mouche, l'animal qui ressemble à la mouche par » son agilité, mais en diffère parce qu'il ne peut pas » voler ».

8° ZABAL, A ; CHABAL, A, « plat, étendu ». Nous trouvons à coup sûr, dans ce mot, ce qui semble peu croyable à première vue, la même racine que dans le latin *planus*. C'est qu'il est entré en basque par l'intermédiaire du portugais et que ce dernier idiome change volontiers le *pl* initial du latin en *ch*. Ex.: *Chacia* = *pluvia* — *Chumbo* = *Plumbum* — *Chaa*, *cha*, « plaine » = latin *Plana*. On sait que la double voyelle d'un radical se réduit volontiers en basque à une voyelle simple. On a vu l'espagnol *Veer* donner la syllabe *be* dans *Begi*, « œil ». Le portugais *Chaa* est donc naturellement devenu *Cha* ou *Za* ; la désinence *al* est marque de dérivation et parfois même adjective. Ex.: *Zithal* ou *Chital*, « méprisable », cf. béarnais, *Zite*, *Site*, « alouette, » littéralement « ce qui n'a pas plus de valeur qu'un petit oiseau » ; — *Hegal*, « aile », ce qui sert à se mouvoir », de *Higi*, « movere, » etc. Quant au *b* de *Chabal*, il nous semble purement euphonique comme dans *Pharabiza*, « paradis », peut-être bien du portugais *Paraiso*. Nous n'insisterons pas sur la transformation du *ch* en *z*. Elle est constante en basque et presque tous les mots qui commencent par l'un de ces deux phonèmes peuvent également commencer par l'autre. Ex.: *Zakhur* et *Chakhur*, « chien » ; — *Zuzen* et *Chuchen*, « droit » ; — *Chokin* et *Zikhin*, « sale, malpropre » », etc., etc.

Quant au *n* final, sa chute s'explique tout naturellement, si l'on rattache le basque directement au portugais *Chaa*, où déjà il a disparu. Du reste, nous avons déjà vu (cf. ANNO) que même dans les mots pris à l'espagnol, ce dernier idiome laisse volontiers tomber la nasale à la fin d'un mot.

9° GISU, A, « chaux », nous fait encore tout l'effet de l'un de ces termes pris par le basque au portugais. L'on a, dans ce dernier idiome *giz* ou *gis*, « craie », mot d'origine arabe. Qu'un terme ayant d'abord indiqué la craie ait fini par s'appliquer à la chaux, cela, sans doute, n'offre rien de bien surprenant. On pourra se demander d'où vient le *u* final du mot basque. Peut-être bien doit-il passer pour purement euphonique comme dans *Chukhu*, « sec », du béarnais *Eschuc*; — *Churru*, « cuve à lessive »; béarnais *Chourre*, « source, fontaine »; — *Zoïnu*, « soin »; béarnais *Soënh*, etc.

10° CHANKET, A, « boiteux », nous fait encore tout l'effet d'un de ces termes pris au portugais. Ce dernier idiome dit *Chanqueta*, pour « savate, soulier mis en pantoufle ». Par une métaphore facile à comprendre de ce sens de mauvaise chaussure, on sera passé à celui d' « homme qui marche difficilement ». Ne disons-nous pas de quelqu'un de peu dégourdi que c'est « une vraie savate »?

Du reste, le terme portugais est, sans aucun doute, apparenté avec l'espagnol *Zanca*, « jambe d'oiseau », et *Zanco* « échasse », d'où le basque *Zango*, *Chango*, « jambe » — béarnais et landais *Chanques*, « échasses », du grec ζάγκη, « botte ».

11° AHUL, « léger, de peu de valeur »; doit être rapproché d'un adjectif de la langue d'oc signifiant « méchant, qui a de mauvais desseins »; cf. catalan et languedocien *Avol*, — dialecte d'Albi *Avoul*, et portugais *Arol*, synonyme de *Mao*, « mauvais, méchant ». Tous ces termes trouvent leur explication dans le bas-latin *Adrolus*, « exilé, banni », donné par Ducange. On sera passé de l'idée d'homme frappé d'une peine à celle de « coupable », puis de « mauvais, méchant ». N'est-ce pas ce qui est arrivé pour l'italien *Cattivo*, le français *Chétif*, du latin *Captivus?*

Que le *u* du basque réponde au *o* d'*Arol* en portugais et dans les dialectes du midi de la France, nous avons vu plus haut que cette transformation n'offre rien que de parfaitement normal. Il a déjà été question d'ailleurs de la chute du *r* entre deux voyelles. Aux exemples donnés de *Bihotz*, « cœur », et *Ohe*, « lit », nous pouvons joindre le basque *Prootchu*, « profit », de l'espagnol *Provecho*. Quant au *h* médial, il ne représente certainement pas la labiale disparue, mais nous avons tout lieu de le considérer comme euphonique. Il l'est bien souvent spécialement en dialecte bas-navarrais entre deux voyelles ; cf. *Deihadar* ou *Deiadar*, « tocsin, appel de la cloche » ; — *Mahax* ou *Max*, « raisin » ; — *Ahari*, « mouton », du latin *Aries* (*Ari* en guipuzcoan).

12ᵉ AHULKI, A. « convoi funèbre ». Malgré une grande ressemblance formelle, nous ne croyons pas ce substantif apparenté à l'adjectif précédent. Il nous fait tout l'effet d'être composé de l'espagnol *Aullo*, « hurlement », joint à la finale partitive-adverbiale *ki*. Le terme basque signifierait donc littéralement « où l'on fait entendre des hurlements, des cris de désespoir ». N'oublions pas, en effet, les lamentations que dans certains pays, l'on fait aujourd'hui encore entendre aux funérailles.

Qu'ici le *l* réponde à un double *ll* de l'espagnol ou au *lh* (*l* mouillé) du béarnais, cela est assez normal ; cf. basque *Urgulu*, « vanité », et espagnol *Orgullo*, « orgueil », — *Arrolze*, « œuf », espagnol *Rollizo*, « état d'un corps dur et rond, par suite, sujet à rouler », et béarnais *Arroulh*, « roulant, qui roule ». — basque *Balesta*, « dard, javelot » ; espagnol *Ballesta*, « arbalète », etc.

13° BETHE, « plein, rempli », n'a sans doute absolument rien à faire avec le terme gaulois *Bitus* qui possède le sens de « monde et d'éternel, perpétuel », d'où les formes vieilles irlandaise *Bith*, — galloise *Byd*, — bas-breton, *Bed, bet*, « univers, monde », et, d'autre part, irlandais *Bith, bid*, « toujours », — gallois *Byth*, etc. Pour nous, l'adjectif basque doit être rapproché de la forme gasconne *Bèt*, « beau », par exemple dans *Bèt arram*, « beau rameau », nom de localité, aujourd'hui *Betharam*. Du reste, *Bèt* se prend quelquefois dans le sens de « juste » et par suite « prompt, tôt, rapide »; cf. *Bet-aro*, « tout à l'heure, à l'instant ». Ne disons-nous pas en français, par changement de signification analogue « bientôt, bien vite » pour tôt, vite ? Ajoutons que cette forme *Bèt* employée ainsi métaphoriquement devient d'ordinaire *Bit* en béarnais moderne. Ainsi, à côté de *Bèt*, « beau », le dialecte nous offrira *Bitatou*, « justement ainsi »; — *Bitare*, « juste à cette heure, tout de suite »; — *Bit-coum*, « juste comme, tout comme ». Malgré une assez grande ressemblance de sens et de forme, il nous paraît clair que ce *Bit* béarnais n'a rien à faire avec notre adjectif *Vite*.

Maintenant, le passage de l'idée de «juste, précis», à celle de « plein, rempli, qui fait la mesure bonne», est trop naturel pour que nous insistions sur ce point.

En tout cas, le *e* final de *Bethe* mérite de passer pour euphonique, comme il l'est dans le basque. *Arbole*, « arbre », de l'espagnol *Arbol*, — *Ouzione*, « onction », de l'espagnol *Uncion*, — *Trinitate*, « trinité », — *Gazte*, « jeune »; vieux provençal *Cast*, « chaste ».

Quand au *th* basque, remplaçant un *t* primitif même dans l'intérieur d'un mot, on peut en citer nombre d'exemples, tels que *Athela*, « atteler », — *Gertha*, « trouver, rencontrer », du verbe *Querere* et de la finale allative *ta*, littéralement, « faire en cherchant, obtenir en cherchant »; — *Artho*, « pain »: cf. dialecte auvergnat, *Artoun*, *artou*, « pain grossier »; bas-latin *Artoua*, du grec ἄρτος. Diez pense que ce mot a pu être introduit dans les dialectes du Midi par le basque, mais cela ne semble nullement prouvé.

14° BIZKAR, RA, « dos, point culminant », à rapprocher du Béarn, *Bisque*, *bisquère*, « faitage, comble, toit » ; cf. gascon, *Biscle*, *bisere*, « boîte »,— languedocien, *Bisco*, même sens.

On sait que le double *r* du basque correspond, bien qu'assez rarement, a un *r* simple des dialectes néo-latins ; exemples : *Murru*, « mur », — *Patar.ra*, «ruade»; cf. notre mot *Pétarade*. — *Izarra*, « étoile », terme auquel il convient, sans aucun doute, d'attribuer une origine indo-européenne et même gauloise ; cf. grec ἀστήρ, — latin *Stella*, pour *Sterula*, — allemand *Stern*, — anglais *Star*, — gallois *Sêr*, — basbreton (dialecte de Léon), *Stered*, pluriel du singularisme *Steredenn* et (dialecte vannetais) *Stir*, pluriel de *Stereen*.

15° ORHIT, « se souvenir, se rappeler ». Nous ne pensons pas devoir hésiter à regarder ce mot comme apparenté au latin *Rugitus*, *Rugire*. Outre le sens de « rugir, faire du bruit », ces mots avaient encore, comme nous l'atteste Pline, celui de « ruminer, action de ruminer ». Ils ont passé en vieux provençal, sous la forme *Rugit*, « rugissement, flatuosité, borborygme », — béarnais, *Rouit*, *arrut*, « tapage ». Le bas-latin nous offre la forme *ruitus*, « rugissement ». On a en vieux français *Ruit*, « bruit, vacarme ».

Il semble que le mot soit entré en basque à une époque relativement assez ancienne, alors que le sens de *Ruminer* n'avait pas encore disparu. En effet, l'on conçoit bien l'association d'idées qui existe entre ce mot et notre verbe « se rappeler, se souvenir ». Ne dit-on pas d'un homme qui revient souvent sur les mêmes idées, qu'il rumine ? Il se pourrait que la chute du *g* de *Rugitus, rugire,* fût un fait postérieur à l'entrée du terme en question dans le lexique basque. Ne trouvons-nous pas, par exemple, la forme dialectale *Nausia,* « le maître », pour *Nagusia ?*

Il est clair que le *o* de *Orhit* n'est autre chose qu'une transformation de la voyelle qui suivait le *r* initial, puisque en basque, sauf dans le dialecte de Roncal, aucun mot ne peut commencer par *r*. Le plus souvent, il est vrai, la voyelle initiale basque est purement adventice comme dans *Errege,* « roi », — *Irri,* « rire ». Quelquefois aussi, elle provient du déplacement de ladite voyelle : exemples : *Urthe,* « année », qui n'est probablement que l'espagnol *Rueda,* « roue », — *Erna,* « se réveiller », probablement abréviation de l'espagnol *Renacer,* « renaître ».

On demandera pourquoi le *u* de *Rugitus* est devenu *o* dans *Orhit ?* Mais d'abord, cette transformation se produit quelquefois en basque; exemple: *Ohoin,* « voleur », probablement dérivé de l'espagnol *Fuina,* mais avec redoublement initial, — *Chotil,* « subtil », — *Mothel,* « bègue », du latin *Mutilus.* En outre, il ne serait pas impossible qu'elle ait déjà existé dans les dialectes romans dont provient le mot basque. Devant un *g*, le *u* d'une syllabe initiale manifestait parfois de la tendance à devenir *o*, au moins dans les dialectes français. On a par exemple en vieux français

Roget, doublet de *rouget*, « un peu rouge » ; en vieux provençal, *Rogor*, pour *Rougeur*. L'existence d'une vieille forme populaire, *Rogit*, *Roit* pour *Ruit*, n'offre donc rien que d'assez probable, bien qu'elle ne soit pas donnée par les auteurs.

Nous n'insisterons pas sur le *rh* de *Orhit*. Il représente le plus souvent un *r* simple des dialectes romans. Exemple *Urhe*, « or », cf. espagnol *Oro*, — *Barhanda*, « écouteur, espion », et espagnol *Farante*, « envoyé », — *Erho*, « fou », probablement de l'espagnol *Feroz*, etc., etc.

16° BERANT, « tard », d'où *Berantazun*, « paresse », doit sans doute être rapproché de l'espagnol *Morante*, « habitant, demeurant, établi à poste fixe », mais dont le sens primitif était celui de « en retard, lent », comme le prouve le latin *Mora*, « retard » ; *Moror*, « retarder, séjourner ». Nous remarquerons ici un double phénomène phonétique, digne d'être signalé ; d'abord, la modification en *e* de l'*o* d'une syllabe initiale, déjà relevée dans le *Leku*, « lieu », du latin *Locum*, — *Mendi*, « montagne », du latin *Montem*, et ensuite, fait beaucoup moins fréquent, la mutation du *m* primordial en *b*. Quelques exemples en peuvent être néanmoins cités ; par exemple : *Irabaz*, « gagner », qui n'est autre chose que le français *Ramasser*, — *Labe*, « four », cf. vieux français *Lame*, « morceau de pierre ou de métal qu'on pose sur la fosse funéraire »; vieux provençal *Lama*, *laima*, « lame ».

17° ZER, « qui, lequel », au sens relatif, d'où le génitif *Zeren*, « parce que ». Ce mot nous fournit une preuve nouvelle de l'état peu avancé du développement de l'ancienne langue basque. Déjà, nous l'avons vu dans un autre mémoire, cet idiome a pris aux dialectes romans ou gaulois jusqu'à son verbe être et son mode de conjugaison auxiliaire. Eh bien, il en est de même pour le pronom relatif. Nous y voyons un emprunt aux dialectes celtiques. Ce n'est vraisemblablement que le bas-breton *Sé* ou *Zé* final ; par exemple dans *Ann den zé*, « cet homme-là » ; *An dra zé*, « cette chose ». Il existe également en irlandais, sous la forme *Sé*. Certainement, à l'origine, le basque ne possédait pas plus de particule relative que ne le font aujourd'hui encore certains dialectes du Nouveau Monde. Quant au *r* final de *Zer*, il nous semble purement euphonique, comme il l'est par exemple dans *Mendi-r-en*, « montis », pour *Mendi-en*, — *Gizona-r-i*, « homini », pour *Gizona-i*.

18° GORRI, « rouge », est d'origine fort obscure. Il paraît difficile de ne point le rattacher au languedocien *Gourrié*, « recherché dans sa mise, élégant, brillant », que M. Mistral rapproche lui-même du roman *Gorrier*, même signification. N'oublions pas qu'en russe, *Krasnoï*, « rouge », se prend aussi comme synonyme de « beau ». Maintenant d'où vient le terme roman lui-même ? C'est ce que nous ne saurions dire.

19° KATABUTU, A, « cercueil », mot du dialecte de Fontarabie. Le prince L.-L. Bonaparte avait signalé une certaine analogie entre ce mot et le terme du dialecte lombard *Cataletto* qui a le même sens. Il nous paraît fort douteux que ces deux termes aient rien à faire l'un avec l'autre. Nous retrouvons, ce me semble, dans le mot basque, l'arabe *Tabut*, « cercueil », devenu *Ataud* en espagnol, ce qui suppose forcément une forme intermédiaire comme *Atabud, atabut*.

Il se pourrait bien que le *k* ou *ka* basque eût ici une sorte de valeur péjorative, comme dans *Katarde*, « écureuil », dont nous allons parler tout à l'heure. Le *g* pourrait bien avoir la même valeur dans *Garrathoin*, « rat » ; cf. le français *Raton*. Ces préfixes péjoratives ont déjà été signalées en français sous les formes *Col, Cal, Cali*, par exemple dans *Caliborgnon, Colimaçon, Galimathias, Calemberdaine*. Ont-elles quelque chose à démêler avec le *ge* allemand dans *Getreide*, « blé »; cf. latin *Triticum*, — *Geheimniss*, « secret », etc. ? C'est ce que nous n'oserions affirmer.

20° KATARDE, A, « écureuil », mot donné par Larramendi et que nous avions cru devoir, mais à tort, convenons-en, rapprocher de l'ostyak *Kouthyar*, « polatouche, écureuil volant ». N'est autre chose que l'espagnol *Ardilla*, « écureuil », mais avec la préfixe péjorative *Ka*, déjà vue. Le *t* est ici euphonique comme dans *Mendi-t-ik*, « ex monte », pour *Mendi-ik*. On l'emploie souvent pour prévenir la rencontre de deux voyelles consécutives.

21" LABUR, RA , « court, bref », nous fait l'effet de n'être autre chose que le vieux français *Rabot*, « nain ». La mutation du *r* initial en *l* se produit quelquefois en basque, comme par exemple *Leizar*, « frène », à rapprocher du béarnais *Réchou*, lui-même dérivé du latin *Fraxinus*, — *Marrinel*, « marin », espagnol *Marinero*, catalan, *Mariner*, — *Heuskalerri*, « le pays basque », littéralement « pays de l'*Heuscara* ou de la langue basque », — *Luhunz*, *Lunz*, « lierre », probablement du français *Ronce*.

22" SABEL, A , « ventre », étymologie assez obscure. Nous ne saurions guère, pour notre part, refuser d'y voir le vieux français *Sakiel*, *Sakel*, « petit sac ». La transformation de la gutturale forte en douce constitue, il est vrai, un fait fort anormal; mais au moins nous rencontrons certains cas où une gutturale devient labiale en basque; par exemple *Poz*, « joie », est rapproché par M. Schukard de l'espagnol *Gozo*, même signification. Citons encore *g* devenant *b* dans *Guraso* et *Buraso*, « aïeul », — *Elzaborra* et *Elzagorra*, sorte d'instrument de musique.

23" APHO, A, ou ZAPO, A, « crapaud ». Ce mot rentre dans la catégorie de ceux que Pictet a qualifiés *Crux etymologorum*, précisément parce qu'ils ressemblent phonétiquement à leurs correspondants dans des familles de langues fort diverses.

Impossible à coup sûr, de ne pas reconnaître une parenté étroite entre le *Zapo* ou *Apho* basque et l'espagnol *Sapo*, «crapaud» ; béarnais (dialecte de Lescun) *Sapou*. Remarquons que la chute du *s* initial constitue un fait assez anormal. Toutefois, nous savons que le *z* qui permute si volontiers avec le *s* est sujet à tomber au commencement d'un mot. Exemples : *Urra*, « déchirer », espagnol *Zurrar*, « corriger, châtier à coups de fouet », — *Zerren*, « mite » et dialectalement *Erren*.

Maintenant quelle provenance attribuer à l'espagnol *Sapo ?* Serait-ce un vieux d'origne ibérienne ? Car on ne saurait sans doute, lui attribuer une provenance latine. Aurait-il été emprunté aux Phéniciens qui, comme l'on sait, parlaient un dialecte très voisin de l'hébreu ? Précisément, dans cet idiome *Tsab* veut dire « crapaud, tortue », littéralement « tumens, tumidus », de la racine *Tsabah*, «intumuit», parce que dit Buxtorff, « testudinis operimentum concameratum est ».

Il est vrai que, si on le préfère, rien n'empêche de recourir à une étymologie indo-européenne. N'avons-nous pas pour « crapaud» en vieux pruczi *Gabawo*, — bas-allemand *Quappe*,—polonais *Jaba*, qui n'est peut-être pas sans quelque affinité avec le tschérémisse *Java* ou même le lapon *Tsuobbé ?*

Enfin si nous aimons mieux entrer résolument dans le domaine ougro-altaïque, nous pourrons citer le suomi *Samakko*, « grenouille, crapaud », le samoyède (dialecte tassowique) *Siamlek*.

24° SABAI, A, « fenil, grenier à foin », évidemment pris à l'irlandais *Sabailh*, « grenier ». Si ce dernier terme, comme on l'affirme, provient bien du latin *Stabulum*, le basque *Sabai*, *Sabaia*, nous offrirait l'exemple d'un mot pris à un dialecte celtique, à une époque relativement récente. Impossible d'admettre effectivement que le terme latin se soit modifié identiquement, au moins phonétiquement, d'une part en irlandais et de l'autre en basque.

25° *De quelques affinités lexicographiques entre le basque et les dialectes berbers.* Le savant docteur Collignon a constaté une frappante ressemblance de type physique entre les Basques de race pure, tels qu'on les rencontre encore aujourd'hui dans une portion de la région pyrénéenne et les populations blanches du nord de l'Afrique.

Nous-même, dans un précédent travail, avons tenté de faire ressortir la presque identité du pronom personnel entre les idiomes de ces divers groupes ethniques. Sera-t-il interdit de signaler cet exemple, assez rare d'ailleurs, d'accord entre les données de l'anthropologie et celles de la linguistique? Ajoutons que l'affinité semble s'étendre plus loin encore et se manifester jusque dans certains éléments importants du lexique. On en pourra juger par les exemples suivants :

A) Acheri, « renard » ; cf. kopte (dialecte baschmourique) *Bashar*, « chacal » (dialectes memphitique et thébain, *Basher*). Hésychius nous apprend
d'ailleurs que les Libyens qualifiaient de *Bassara* les
animaux de l'espèce du renard. L'analogie sera plus
étroite encore avec certains dialectes de la vallée du
Nil, étudiés par M. le Dr Reinisch ; cf. afar *Wakari*,
« chacal ». — saho *Wakkari*. On ne saurait s'étonner
d'ailleurs que le même terme ait servi tour à tour à dé-
signer deux espèces aussi voisines que le renard et le
chacal. La confusion s'explique d'autant plus facilement qu'il n'existe pas plus de chacals en Europe que
de renards dans la vallée du Nil.

Il est fort remarquable que le même mot se retrouve
avec le même sens dans une langue de l'Oural (l'ostyak surgute). Elle dit *Wakhsar*, *Vakshar*, pour « renard ». Il y a deux ou trois noms d'animaux du
basque qui offrent de l'analogie avec leurs similaires
dans les dialectes de l'Est et du Nord-Est. Ainsi :
basque *Suge*, « serpent » ; esthonien *Siug*, — basque
Sagu, « souris », géorgien *Thagwi*. Nous ne nous
chargeons pas d'expliquer comment ces termes ont
pu voyager si loin.

L'on peut indiquer également quelques vocables
communes aux langues de la Sibérie et à celles de la
vallée du Nil ou de l'Asie antérieure. Pour nous en
tenir à un seul exemple, citons le samoyède (dialectes
tawgu et yourake) *Yam*, « mer », qui rappelle à la

fois le *Yam*, « mer », de l'hébreu, *et Yom* de l'ancien égyptien.

Hâtons-nous d'ajouter que l'on ne saurait tirer aucune induction de coïncidences aussi peu nombreuses. Peut-être bien faut-il les tenir pour purement fortuites.

B) *Aker*, « bouc ». Cf. *Akher*, « bélier » en aouélimidden (dialecte berber), — riféen *Kherri*, — aït-kalfoun *Ikherri*.

On sait qu'au point de vue de l'histoire naturelle, la différence est bien peu considérable entre l'espèce *chèvre* et l'espèce *mouton*. Elle devait apparaître moindre encore lorsque ces animaux n'existaient encore qu'à l'état sauvage.

Il semble, du reste, que la chèvre ait constitué le bétail le plus anciennement domestiqué par les habitants du Nord-Africain. Du moins, à l'époque de la découverte, les troupeaux des Guanches, ces indigènes des îles Canaries dont l'origine berbère semble aujourd'hui bien prouvée, se composaient surtout de chèvres.

Du reste, le terme en question semble de ceux qui sont également communs aux dialectes chamitiques et sémitiques. On a par exemple *Khirou*, « bouc » ou « bélier », en assyrien, — *Khar*, « bélier », en phénicien.

En tout cas, il nous semble difficile de ne pas rattacher au basque *Akher*, le *Ouirou*, « bouc », du béarnais. Sans doute, on ne supposera pas à ce terme une origine indo-européenne. C'est peut-être le seul nom d'animal domestique qui dans nos dialectes romans ait une pareille provenance.

C) *Alaba*, « fille ». Le *b* de la syllabe finale ne fait pas visiblement ici partie du radical. Il se retrouve dans plusieurs mots indiquant des degrés de parenté, par exemple : *Izeba*, « tante », — *Oceba*, « oncle ». — *Illoba*, « neveu, nièce ». Serait-il téméraire de le rapprocher du kopte *Alou*, « enfant », et *Alaui* en dialecte baschmourique ? Cf. également le tamaschek *Ili*, « fille », et béni-ménacer *Ilis*, même signification.

Nous ne croyons pas que le mot basque ait rien à faire avec le thème gaulois *Alabi*, cité par M. Holder et que nous retrouvons dans l'irlandais *Alaib*, « beau ». La métaphore serait ici un peu forte, bien qu'en style de romance, toute femme soit une « belle ».

D) *Hiru*, « trois ». Cf. tamaschek *Karad*, — schellouk du Maroc *Kerad*, etc. Nous avons déjà indiqué dans un précédent travail, la tendance du *k* primordial à devenir *h* en basque. *Hiru* pourrait donc bien supposer un primitif *Kiru*.

Nous ne pensons pas qu'il y ait lieu de rapprocher les termes basque et berber du magyar *Harom*, « trois ». C'est une forme récente et le *r* est ici pour un *l* primitif, comme le prouvent le suomi *Kolme*, l'esthonien *Kolm*.

E) Ogi, « pain, blé », peut-être à rapprocher du vieil égyptien *Ak, Ek*, « pain », — kopte (baschmourique) *Aeik, Aoik* et *Oeik*; en thébain, *Oik*, « pain », et *Ok*, « froment », en memphitique. Nous avons déjà cité quelques exemples de la mutation du *k* en *g* entre deux voyelles chez les Basques.

N'oublions pas que le blé semble avoir été connu dans l'Europe occidentale un peu avant la fin de l'âge de la pierre taillée.

F) Erre, « brûler » ; cf. figuigéen (dialecte berber) *Err* (même signification), d'une racine *Rr*, « brûler, briller, être jaune ».

G) Sar, « entrer », — béni-ménacer *Sar*, « aller en avant, précéder ». Rien à faire, sans doute, avec le sanskrit *Sr, Sar*, « ire, fluere ».

H) Berri, « nouveau, neuf » ; cf. kopte (dialecte memphitique) *Berri*; (dialecte thébain) *Brre, berre*; (dialecte baschmourique) *Berri*, « novus, recens. » Remarquons à titre, sans doute, de pure curiosité, la ressemblance de tous ces termes avec le suomi *Werres*, le lapon *Werres*, « novus, recens ».

I) Bero, « chaud, bouillir ». On peut hésiter pour ce mot entre une origine celtique ou une provenance chamitique ; cf. en effet, d'une part le breton *Bero, beru*, « bouillant, bouilli à l'eau, un bouillon », *Birvi, bervi, birfi, berfi* et *beruein*, « bouillir » ; *Berredenn*, « temps d'ébullition » ; *Birvidik*, « ardent, pétulant, zélé », et *Berudenn*, « un bouillon ». Le même radical se trouve conservé dans l'inscription gallo-romaine de Bourbonne-les-Bains : *Borvoni deo*.

D'autre part, le kopte (dialecte thébain) a *Bôr*, « expellere, ebullire, irasci » ; (thébain et memphitique) *Berbr, brbr, berber*, « ebullire » ; (memphitique) *Berbôr, bôrber*, « ejicere » ; — bilin (dialecte éthiopien) *Bir*, « être chaud », et *Birbir*, « brûler », etc.

Nous ne prétendons pas, bien entendu, que toutes ces affinités lexicographiques entre le basque et les dialectes chamitiques remontent à une période absolument primitive ; plusieurs peuvent être le résultat d'un emprunt, mais elles restent, en tous cas, comme autant de vestiges d'une époque chamitique qui, dans les régions de l'Europe occidentale, précéda l'époque indo-eurpoéenne.

LABAKI, A, « pièce de terre aride ou nouvellement défrichée », littéralement, « quod pro luto » ; cf. espagnol et portugais *Lama*, « boue, bourbe », mais avec la finale partitive *ki*.

Il y aurait tout lieu de demander si le béarnais *Labaqui*, « défrichement », n'a pas été pris au basque. En tous cas, le terme ici étudié n'a visiblement rien à faire avec l'espagnol *Labor*, « labour », — portugais *Lavoura, lavra* (même sens), — vieux béarnais, *Labour*, — béarnais *Labou*, du latin *Labor*, « travail, labeur, fatigue », qui primitivement, semble avoir revêtu le sens de « charge, poids. »

Pour la transformation du *m* primitif en *b*, le bas-

que en offre quelques exemples ; cf. *Berant*, « tard,
retarder », du latin *Morans, antis*, — *Irabaz*, « gagner », qui n'est autre que le français, « ramasser »,
— *Labe*, « four », du vieux français *Lame*, dont il
sera parlé tout à l'heure.

LABALDE, A, « fournée ». Voyez LABE, « four »,
mais uni à ALDE, « lieu rapproché, côté », littéralement, « du côté du four ».

LABE, A, « four », à rapprocher du vieux français
Lame, « morceau de pierre ou de métal que l'on place
sur la fosse » ; — cf. vieux provençal *Lama, Laima*,
du latin *Lamina*, lequel se présente dans Horace
sous la forme *Lamna*.

Pour la transformation du *m* en *b*, voyez LA-
BAKI.

LABETEGI, A, « fournil », littéralement « demeure du four ». Voy. LABE et TEGI, « demeure,
gîte ».

LABO, A, « qui a la vue faible ou mauvaise ».
Voy. LAUSO, « myope ». Probablement d'une forme
basse-latine *Labosus*, « sujet à tomber », de *Labor*,
« tomber ». Pour la chute de la syllabe finale, cf.
BAPO, « fanfaron », de l'espagnol *Baposo*, « baveux ».
Le mot n'a rien à faire avec l'espagnol *Lamoso*,
« boueux », ou *Raboso*, « qui a des habits déchirés ».

LABORA, TU, « Labour.-é », vieux provençal et
vieux béarnais *Laborar, Laurar*, — béarnais, *Laura,
Laboura* (même sens). — espagnol *Labrar, Labo-*

rear, « travailler, labourer », — portugais, *Lavrar*, du latin *Laborare*, « travailler »; cf. *Labor*, « travail, labeur ».

LABORANZ, A, « agriculture », vieux béarnais *Lauranse*, « labourage »; voyez **LABORA**.

LABORARI. A, « cultivateur », espagnol et portugais « Labrador », d'où le nom de *Labrador* ou *Tierra de Labrador*, donné assez mal à propos à la région située au nord du Canada ; — vieux provençal, *Laboraire* (cas direct) et *Laborador* (cas oblique), — vieux français *Laborère* (cas direct) et *Laboreor* (cas oblique), — béarnais *Lauradau, Laboradau*, — vieux béarnais, *Lauradoo, Laurador, Laborador*. Voyez **LABORA**. Quant à la finale *Ari*, elle est adjective; cf. **AHARRARI**, « querelleur », de **AHARRA**, « querelle »,— **YOKARI**, « joueur », de **YOKA**, « jouer ».

LABORE, A, « pâte ou pain de céréales », probablement à rapprocher de **LABORA**, « labourer », ou peut-être du latin *Labor*, « travail », littéralement « ce qui est travaillé » ou « qui provient du sol labouré ». Pour la finale *e*, peut-être faut-il la regarder comme purement euphonique ainsi que dans **ARBOLE**, « arbre », de l'espagnol *Arbol*. Il se pourrait aussi qu'elle marquât le substantif par opposition à la voyelle *a*, signe verbal; cf. **AIZE**, « vent », et **AIZA**, « jeter au vent, s'éventer ». — **AIRE**, « air », et **AIRA**, « s'élancer dans les airs, s'envoler ».

LABURZKI, « sous peu de temps », littéralement

« in brevi »; cf. LABUR; Pour le *ki* adverbial, voyez
ARHINKI, « légèrement », de ARHIN, « léger », —
TREBEKI, «facilement», de TREBE, « facile, léger».
Enfin le *z* intercalé pourrait bien passer pour purement euphonique », ainsi qu'il l'est dans EGIAZKI,
« véritablement,» de EGI, « vrai »; BURUZKIN, « en-
têté », de BURU, « tête ».

CHALON-SUR-SAONE, IMPRIMERIE DE L. MARCEAU